D1728605

www.tredition.de

Andrea Davis

Ein Teil der Herde

Dieses Buch erzählt die Geschichte von
Emma, Pepsi, Muffin und Leyla und
ihrer Weide im Pöstenweg.

www.tredition.de

© 2019 Andrea Davis
Umschlag, Illustration: Sarah Rauer

Verlag und Druck: tredition GmbH, Halenreie 40-44, 22359 Hamburg

ISBN
Paperback: 978-3-7482-9352-1
Hardcover: 978-3-7482-9353-8
e-Book: 978-3-7482-9354-5

Für Tom

Liebe Leyla!

Ich weiss noch genau wie ich Dich bekam,

mein erstes, schönstes, weißes Lamm.

Du wurdest geboren an einem Mittwochmorgen,

Du standest einfach da und Vivian rief „hurra!"

„Mama, da steht ein Lamm auf der Wiese!"

Wir glaubten es kaum,

mein wahr gewordener Traum.

Das schönste Lamm auf der ganzen Welt,

und wie es seiner stolzen Mama gefällt!

Seit einem Jahr wohnen wir nun auf der großen Weide hinter dem Haus im Pöstenweg und ich weiß noch genau, wie alles begann. Eines Tages besuchte uns eine Frau mit einer leuchtend grünen Jacke. Damals wohnten wir in einem großen Offenstall aus Holz bei einer netten Schäferin. Der Stall war von drei Seiten gut gegen Wind und Regen geschützt, aber an einer Seite war er offen, so dass wir immer das Geschehen auf dem Hof beobachten konnten. Da stand nun also diese Frau mit der grünen Jacke und redete mit unserer Schäferin. Schließlich nickte die Schäferin ein paar Mal und zeigte mit dem Arm auf unseren Bereich des Stalls. Dann kam die Frau mit der grünen Jacke zu uns rüber und stellte sich ganz nah das Gatter. Als Schaf hält man vor fremden Menschen erstmal Abstand, obwohl das gar nicht so einfach war, denn unser Stallbereich war recht klein und überfüllt. In meinem Bereich standen mehr als 25 Schafe, aber insgesamt wohnten sicherlich über 300 Schafe auf dem Hof. Da es Winter war, waren wir alle in den Ställen untergebracht, so dass es manchmal etwas eng wurde. In meinem Bereich des Stalls wohnten nur Schafdamen. Naja, eigentlich waren wir noch Lämmer, denn wir waren alle noch kein Jahr alt. Manche waren noch sehr verspielt, aber die meisten waren nach neun Monaten fast ausgewachsen.

Da stand also diese Frau mit der grünen Jacke ganz ruhig am Gatter und schaute uns an. Sie guckte uns wirklich interessiert und neugierig an und kletterte jetzt sogar langsam über das Gatter in den Stall. Normalerweise schauen uns Menschen nicht so an, sondern sie schieben einfach das Futter in die Raufen und gehen wieder. Aber diese Frau schaute uns direkt in die Augen und wir guckten zurück. Das taten wir natürlich heimlich und etwas von der Seite. Mit ein wenig Abstand beäugten wir uns also gegenseitig. Die leuchtend grüne Jacke fand ich ganz besonders aufregend. So ein schönes Grün hatte ich noch nie gesehen und mit Grün kenne ich mich aus. Als Schaf ist man nämlich Experte für Grüntöne. Frische Grashalme sind zum Beispiel viel grüner als ältere Halme und als Heu ist es dann nochmal weniger grün. Brennnesseln haben auch ein anderes Grün wie Disteln und dann gibt es so unendlich viele Grassorten, die heller oder dunkler sein können. Oje, jetzt war ich so in meinen Gedanken versunken, dass ich gar nicht gemerkt habe, wie lange mich die Frau schon anstarrt. Ich gehe mal ein bisschen zur Seite, vielleicht schaut sie ja das Schaf hinter mir an. Nein, sie schaut mir immer noch hinterher und kommt jetzt sogar ganz langsam näher. Dann guck ich jetzt am besten mal weg und gehe ganz langsam in die andere Richtung. Klappt nicht, sie guckt mich immer noch an und dann sagte sie: „Du bist aber ein schönes Schaf". Die Worte der Frau waren so liebevoll gemeint, dass ich vor Schreck einfach stehenblieb und mich sogar kurz streicheln ließ. Das tat gut, denn mich hatte schon lange niemand mehr gestreichelt. Die Schäferin war immer sehr beschäftigt und brachte uns eigentlich nur Wasser und Heu. Zum Streicheln hatte sie dann immer keine Zeit. Aber wir waren auch ein paar hundert Schafe, die kann man nicht alle streicheln, sonst ist man ja den ganzen Tag beschäftigt.

Ich weiß nicht, ob man sich als Schaf verlieben kann oder ob sich ein Mensch in ein Schaf verlieben kann. Aber ich weiß, dass ich plötzlich alle Scheu verloren hatte und mir wünschte, dass sie nie mehr aufhört, mich zu streicheln. Nach einer Weile hörte sie dennoch auf und schaute sich weiter im Stall um. Sie entdeckte noch zwei andere Schafe, die sie wohl auch hübsch fand. Ein ganz schwarzes Schaf und Eins mit lustigen Flecken im Gesicht. Letzteres war eins unserer jüngsten Lämmer und es war noch sehr frech und verspielt. Das schwarze Schaf war mir vorher nie aufgefallen, es war oft allein und eher ruhig.

Mittlerweile stand auch die Schäferin vor dem Gatter unseres Stalls. Die Frau mit der grünen Jacke und die Schäferin sprachen wieder miteinander und zeigten dann nacheinander auf mich und auf die anderen beiden Lämmer. Ich war immer noch etwas in meinen Gedanken versunken und konnte die Berührung der Frau auf meinem Gesicht und

Hals noch spüren. So bemerkte ich es kaum, als die Frau mit der grünen Jacke und die Schäferin uns wieder verließen.

Ein paar Tage später kam die Frau mit der leuchtend grünen Jacke zurück. Sie redete wieder mit der Schäferin, aber irgendwas war heute anders. Irgendwie war sie heute aufgeregt und unruhig, zumindest hatte sie kaum Zeit mich zu streicheln. Dann fuhr die Schäferin auch schon mit einem Pferdetransporter an unser Stallgatter heran. Ehe ich wusste, wie mir geschah, stand die Schäferin neben mir und packte mich an der Wolle. Dann zog sie mich aus dem Stall heraus und ich sprang durch die offene Tür in den Anhänger. Dann war die Tür schon wieder zu. Mein Herz klopfte mir bis zum Hals und ich hatte nicht die geringste Ahnung, was hier passierte. Dann ging die Tür wieder auf und das schwarze Schaf sprang zu mir herein. Auch das schwarze Schaf schaute sich entsetzt und fragend um, aber ich zuckte nur mit den Schultern. Als wir uns gerade so verdutzt anguckten, ging schon wieder die Tür auf und das Lamm mit dem gefleckten Gesicht sprang herein. Es war auch ziemlich irritiert und bockte zu allem Überfluss auch noch herum. Wir warteten noch etwas, aber die Tür ging nicht mehr auf. Dafür gab es plötzlich einen Ruck und der Boden unter unseren Hufen schien sich irgendwie zu bewegen. Egal wie man sich hinstellte, irgendwie rutschten wir immer wieder hin und her. Wir versuchten uns aneinander festzuhalten, aber auch das half wenig.

Nach ein paar Minuten hörte das Wackeln des Bodens auf und der Anhänger stand wieder still. Dann wurde die Tür geöffnet und das neugierige Lamm mit dem gefleckten Gesicht steckte als erstes seinen Kopf zur Tür raus. Das war wohl ein Fehler, denn da wurde es auch schon gepackt und aus dem Anhänger gezogen. Die Tür ging wieder zu und draußen hörten wir das Lamm bockig mähen. Jetzt wurde uns etwas mulmig zu Mute, denn irgendetwas schien da draußen vor sich zu gehen. Dann war alles wieder ruhig und das Lamm war nicht mehr zu hören. Kurze Zeit später ging die Tür erneut auf und diesmal erwischte es das schwarze Schaf, dass sich etwas unfreiwillig nach draußen gesellte. Die Tür klappte wieder zu und nun war ich ganz allein in diesem unheimlichen Anhänger. Schließlich ging die Tür ein letztes Mal auf und auch ich wurde unsanft ans Tageslicht befördert. Ich staunte nicht schlecht, denn ich stand plötzlich mitten in der Stadt auf einem Bürgersteig und guckte wohl ziemlich irritiert. Die Frau mit der grünen Jacke war wieder da und die Schäferin auch. Jetzt wurde mir ein Halsband um den Hals gelegt. Dann stand die Schäferin plötzlich über mir, packte mich an der Wolle und zog mich vorwärts einen kleinen Weg entlang. Der Weg war eigentlich ganz schön, Bäume und Gras wuchsen rechts und links am Wegesrand. Dann standen wir plötzlich vor einem Zaun, hinter dem ich das schwarze und das gefleckte Lamm entdeckte. Kurz entschlossen stapfte ich durch das Tor und gesellte mich zu den anderen beiden Schafen, die genauso fragend um sich schauten. Die Schäferin blieb hinter dem Zaun stehen, aber die Frau mit der grünen Jacke stand neben uns. Jetzt erst bemerkte ich, dass ich gar nicht mehr festgehalten wurde und auch das Seil um meinen Hals war verschwunden. Ich konnte mich also frei bewegen. Aber wo war ich? Ich drehte mich langsam um und fand mich auf einer großen Weide wieder, die vom Regen der letzten Tage leicht aufgeweicht war. Egal, ich war frei und wenn mich meine Augen nicht täuschten, konnte ich unter mir sogar ein paar frische, essbare Grashalme entdecken.

Es war zwar Januar, aber es war erstaunlich warm an diesem Tag und nach den vielen Wochen im Stall kam mir diese Abwechslung eigentlich ganz recht. Ich hatte wieder Platz, konnte rennen und um mich herum roch es schon ein kleines bisschen nach Frühling. Auf jeden Fall gefiel es mir hier viel besser als in unserem überfüllten Stall, wo man sich vor Langeweile schon mal gegenseitig auf die Hufe stieg. Irgendwie folgten wir automatisch der Frau mit der grünen Jacke, die uns immer weiter die Weide hinaufführte. Oben angekommen, stand dort ein kleiner weißer Stall, der mit viel frischem Stroh ausgelegt war. Das sah sehr einladend aus, aber die frischen grünen Grashalme unter meinen Hufen sahen noch viel verlockender aus. Nach dem ganzen Stress bemerkte ich auch ein kleines Hungergefühl in meiner Magengegend. Ich schaute kurz das schwarze und das gefleckte Lamm an, die wohl das gleiche dachten und dann beschlossen wir erstmal was zu essen. Die Frau mit der grünen Jacke stand einfach nur da und schien sich zu freuen, und ich bilde mir ein, dass sie mich dabei etwas lieber ansah, als die anderen beiden

Schafe. Mit kleinen Schmetterlingen im Bauch genoss ich weiter die frischen Halme zwischen meinen Zähnen.

Ich musste wohl eingeschlafen sein, denn als ich aufwachte, fing es leicht an zu regnen. Es war dunkel und ich wusste nicht gleich wo ich war. Eigentlich müsste ich im warmen Stroh meines Stalles liegen, aber irgendwie war es kalt und windig und meine Wolle wurde nass. Also rappelte ich mich auf und brummte ein leises „Määh" zu den anderen beiden Schafen, die neben mir gelegen hatten. Wir hatten wohl alle die gleiche Idee, wir wollten nicht nass werden, also wagten wir einen ersten Blick in diesen weißen Stall. Eigentlich war es eher ein stabiles Zelt, dass an drei Seiten geschlossen war und mit viel Stroh ausgestreut war. Es begann stärker zu regnen, wir schauten uns alle drei unsicher an und dann wagte das Lamm mit dem gefleckten Gesicht einen ersten Schritt in den Stall, und dann noch einen, und noch einen. Wir standen immer noch draußen und so langsam drangen die kalten Regentropfen durch die Wolle auf meine Haut durch. Brrr, auch ich entschloss mich mutig einen Schritt in diesen neuen Stall zu setzen. Komisch hier, alles war viel kleiner als bei der Schäferin, aber auch schön ruhig und warm. Das schwarze Schaf traute sich als letztes hinein. Dann setzten wir uns vorsichtig ins frische Stroh und schliefen augenblicklich wieder ein.

Als wir erwachten war es bereits hell draußen. Ich stand auf, streckte mich und schüttelte erstmal das Stroh und den restlichen Stress vom Tag zuvor aus meiner Wolle. Also eigentlich ging es mir gut, die Sonne schien vom Winterhimmel und da lag sogar etwas Heu in einer Raufe, die ich gestern Abend nicht bemerkt hatte. In der Sonne glitzerte das Gras verlockend, also stapfte ich vorsichtig aus dem Stall, guckte erstmal nach links und rechts und versuchte mich zu erinnern, wie ich hierhergekommen war. Aber erstmal frühstücken, mit leerem Magen kann man nicht nachdenken. Das Frühstück dauert bei Schafen relativ lange, besonders wenn man das zweite Frühstück, das sich dem Ersten ohne Pause anschließt, mitzählt. Etwa zwei Stunden später war ich dann fertig und überlegte immer noch, wieso ich wohl hierhergekommen war. Da bemerkte ich, dass die Frau in der grünen Jacke am Zaun stand. Sie lächelte, öffnete vorsichtig die kleine Tür im Zaun und kam langsam auf die Wiese gelaufen. Sie hatte etwas Weißes in der Hand, das wie eine kleine Schüssel aussah. Ich war etwas neugierig, was da wohl drin war, aber ich war auch noch total satt von meinem Frühstück. Frisches Gras liegt ganz schön schwer im Magen. Langsam kam die Frau mit der leuchtend grünen Jacke auf uns zu. Um möglichst gelassen zu wirken, kauten wir einfach weiter und taten so, als ob wir immer noch frühstückten. Insgeheim hoffte ich aber, dass sie mich nochmal streicheln würde, also blieb ich stehen und wartete bis sie ganz dicht vor mir stand. Jetzt konnte ich auch einen Blick in die Schüssel werfen und entdeckte dort kleine braune Pellets, die verführerisch dufteten. Ich nahm ein, zwei Pellets zwischen die Lippen und kaute darauf herum. Mmh, die schmeckten irre lecker, Süßigkeiten für Schafe, oder auch Kraftfutter genannt. Auf jeden Fall kann man davon nicht genug kriegen, also bohrte ich meinen Kopf in die Schüssel und versuchte so viele Pellets wie möglich in den Mund zu bekommen. Leider hatten nun auch das schwarze und das gefleckte Schaf die Pellets erschnuppert und versuchten ebenfalls mit der Nase in die Schüssel zu kommen. Ehe ich noch einmal zuschnappen konnte, war die Schüssel mit dem Kraftfutter auch schon leer. Die Frau mit der grünen Jacke stellte die Schüssel beiseite, drehte sich wieder zu mir und fing jetzt tatsächlich an, mich am Kopf zu streicheln. Oh, war das schön. Also blieb ich einfach stehen und hoffte, dass sie ganz lange nicht mehr aufhört. Während sie mich so streichelte, lächelte sie uns die ganze Zeit an. Auch das schwarze Schaf kam nun näher und wollte etwas von den Streicheleinheiten abhaben. Aber das Lamm mit dem gefleckten Gesicht blieb lieber ein paar Meter entfernt stehen und beobachtete uns misstrauisch.

Wir hatten ab jetzt auch echte Namen, das glaube ich jedenfalls. Die Frau kam mehrmals am Tag zu uns, brachte uns Heu, Wasser oder auch manchmal diese leckeren Pellets. Und während sie uns so fütterte oder streichelte nannte sie mich manchmal Emma. Das schwarze Schaf wurde Pepsi gerufen und das Lamm mit dem gefleckten Gesicht hieß wohl Muffin. Manchmal kamen auch zwei kleinere Menschen mit auf die Wiese, die irgendwie zu der Frau mit der grünen Jacke gehörten. So hatte jedes Schaf einen persönlichen Schäfer bzw. Schäferin. Muffin verstand sich mit dem ganz kleinen Menschen sehr gut. Pepsi war eher an dem etwas größeren, kleinen Mensch interessiert und ließ sich ganz besonders gern von ihr streicheln. Ich war – ehrlich gesagt – immer noch etwas in die Frau mit der grünen Jacke verliebt, irgendwie verstanden wir uns auf einer ganz eigenen Ebene. Sie musste mir nur in die Augen schauen und dann entstand jedes Mal eine angenehme Vertrautheit zwischen uns. Nur wenn es regnete, dann fielen die Besuche sehr kurz aus, sie wurde wohl auch nicht so gerne nass. Dann brachte die Frau mit der grünen Jacke nur schnell etwas Heu und Wasser und verschwand gleich wieder in ihrem großen Stall, der ein paar Meter weiter weg von unserer Wiese stand. Er war weiß, so wie unser Stall und er hatte auch eine Tür, aber er hatte auch ein paar Fenster. Wenn es abends dunkel wurde und hinter den Fenstern Licht brannte, konnten wir unsere neuen Schäfer beobachten. Das war fast so gut wie Fernsehen. Die drei Menschen hielten sich sehr oft in ihrem Stall auf und schienen auch eine Herde zu sein. Menschen leben also auch in Herden zusammen. Aber soweit ich sehen konnte, hatten sie gar kein Stroh in ihrem Stall. Das war seltsam.

Wir waren nun schon ein paar Wochen oder Monate auf der neuen Wiese und endlich wurde es etwas wärmer. Das Gras wuchs jetzt so schnell, dass wir es gar nicht mehr abfressen konnten, dafür konnte man sich die besten Halme raussuchen. Vor lauter Essen hatte ich schon einen ganz dicken Bauch bekommen und manchmal hatte ich auch leichte Bauchschmerzen. Pepsi und Muffin meinten, ich sollte nicht mehr so viel essen, sonst platze ich noch. Eines Nachts im Mai wurden die Bauchschmerzen dann so stark, dass ich mich erstmal hinlegen musste. Die Bauchschmerzen wurden jedoch nicht weniger, sondern immer mehr. Pepsi und Muffin guckten ganz besorgt zu mir runter und stupsten mich immer wieder mit der Nase an. Dann ging plötzlich alles ganz schnell und schwups lag ein zappelndes nasses Ding neben mir. Es sah irgendwie aus wie ein winzig kleines Lamm, es war schneeweiß und etwas mit Stroh verklebt. Und dann hörte ich den schönsten Laut in meinem ganzen Leben, ein ganz süßes, kleines: „määh?". Pepsi und Muffin standen wie angewurzelt daneben und schnupperten an dem weißen Ding. Es schien sich tatsächlich um ein winziges Lamm zu handeln und zwar um MEIN Lamm! Mein Herz pochte plötzlich ganz wild und ich war schon wieder verliebt, das war mein Lamm! Instinktiv antwortete ich dem Lamm, indem ich es erstmal ableckte und seinen superschönen Geruch in mich aufsog. Das war unglaublich, aber das war wirklich mein Lamm und es war so wunderschön. In meinem ganzen Schafsleben hatte ich noch nie etwas Schöneres gesehen und gerochen. Mittlerweile hatte sich das kleine Lamm auf seine wackligen Beine gestellt und schwankte bedrohlich hin und her. „Das ist doch viel zu klein, das kippt sicherlich gleich um", meinte Muffin „und wo kommt das eigentlich her?" fragte Pepsi. Das kleine Lamm sah beide Schafe mit seinen süßen Augen an und ich stellte sie einfach mal als Tante Pepsi und Tante Muffin vor. Pepsi und Muffin guckten sich schief an und schauten dann wieder auf das Lamm herab. Das hatte sich mittlerweile wieder in das weiche Stroh gesetzt und kuschelte sich jetzt ganz eng an mich ran. So müssen wir

wohl eingeschlafen sein. Am nächsten Morgen wurde ich durch ein leises „Määh" geweckt und antwortete mit einem „Mamaistjawachmääh". Huch, das war also doch kein Traum, dieses kleine Lamm lag immer noch neben mir. Ich stand langsam auf und stupste es etwas mit der Nase an. Das war das Zeichen, dass es aufstehen sollte. Auf wackligen Beinen gingen wir langsam nach draußen. Es war ein unglaublich schöner Morgen, die ganze Welt leuchtete warm und duftete einfach herrlich. Mein Lämmchen konnte schon erstaunlich gut laufen und fiel gar nicht mehr um. Nach den ersten Gehversuchen wurde es sogar schon etwas schneller. Ein wenig später standen auch unsere Menschen am Zaun und staunten über das Lamm. Sie kriegten sich gar nicht mehr ein vor Freude, aber sie blieben auf Abstand. Auch Pepsi und Muffin hielten etwas Abstand von uns, wofür ich ihnen dankbar war. Irgendwie mussten das Lamm und ich erstmal zu zweit klarkommen und uns kennenlernen. Aber vor allem musste ich erstmal etwas essen. Ich hatte plötzlich einen unglaublich großen Hunger. Mein Bauch war ja wieder ganz leer, da passte also eine Menge Essen rein. Und so, wie es aussah, musste ich ab jetzt für Zwei essen, denn das Lamm beschloss ganz selbstverständlich, dass es bei mir etwas zu trinken gab. Erstaunlicherweise stimmte das auch. Mein Euter wuchs von Tag zu Tag und der Hunger meines Lammes auch. Alles klappte wunderbar, die kleine Leyla – so wurde sie jetzt von den Menschen genannt – war ein großes, starkes Lamm und wurde mit jedem Tag sicherer auf ihren langen, dünnen Beinen. Ihr weißes Fell leuchtete in der Sonne und hatte süße kleine Löckchen auf dem Rücken. Ich konnte mich gar nicht satt sehen an ihr und den Menschen ging es wohl genauso. Sie standen oft am Zaun und bewunderten Leyla und ich war die stolzeste Schafsmama der Welt.

Die meiste Zeit des Tages hat Leyla geschlafen oder gegessen, aber sie spielte auch gern mit ihrer Tante Muffin. Nur wenn Leyla bei ihr etwas trinken wollte, fand Tante Muffin das nicht witzig. Eines Nachmittags verdunkelte sich der Himmel über der Wiese plötzlich. Eben war es noch so schön sonnig, dann wurde es ziemlich schwarz über uns. Ehe wir begriffen hatten, was vor sich ging, fielen plötzlich kleine weiße Steine herunter. Erst waren es nur Kleinere, die die Größe einer Murmel hatten, aber dann wurden sie immer größer und zahlreicher. Leyla drückte sich schutzsuchend an den Zaun, aber über ihr war kein Baum oder irgendetwas, dass die Steine abhalten konnte. Ich stand ganz eng neben ihr, als auch Muffin und Pepsi angerannt kamen und sich schützend um Leyla stellten. Wir nahmen sie in die Mitte und rannten dann gemeinsam zum Stall rüber. Das war wohl unser erstes Gewitter.

Ein paar Wochen später, es war ein wunderschöner Nachmittag im Juni, sollten wir das erste Mal geschoren werden. Aber das wussten wir natürlich noch nicht. Eine Frau mit einer schwarzen Hose kam zu uns auf die Wiese und packte seltsame Geräte aus. Neugierig wie Schafe nun mal sind, schauten wir uns die Gerätschaften etwas genauer an und überlegten, was man damit machen kann. Ich hatte schon eine ungute Ahnung, da packte die Frau mit der schwarzen Hose sich plötzlich Pepsi und drehte sie auf den Rücken. Vor lauter Schreck brachte Pepsi kein Wort heraus. Dann brummte auch schon dieses Gerät in der Hand der Frau los und bohrte sich in Pepsis Wolle. Immer wieder setzte die Frau an und schälte Pepsi Streifen für Streifen die Wolle ab. Langsam begriff ich, was hier vor sich ging. Wir wurden geschoren, sie wollte unsere Wolle klauen! Naja, wenn ich ehrlich bin, juckte meine Wolle schon seit Wochen und man kam beim Schubbern gar nicht durch zu den Stellen, die besonders juckten. Die Frau mit der schwarzen Hose arbeitete sehr schnell und nach vielleicht drei Minuten war Pepsi schon fertig und wurde wieder auf ihre Beine gestellt. Noch etwas verdutzt und benommen, stand Pepsi jetzt da. Wir guckten sie an und mussten uns das Lachen verkneifen – Pepsi war nur noch halb so dick und sah irgendwie nackig aus. Etwas benommen wackelte Pepsi davon und versteckte sich erstmal hinter dem Stall. Dann wurde auch schon Muffin gepackt und etwas unsanft auf den Hintern gedreht. Jetzt brummte die Maschine wieder los und in Null-komma-nichts war auch Muffin ihre Wolle los. Ich hatte immer noch gut lachen, schließlich sah ich jetzt als Einzige noch wie ein echtes Schaf aus. Die anderen beiden guckten sich nur noch peinlich und beleidigt an. Obwohl mir Muffin versicherte, dass es ein echt befreiendes Gefühl war und man endlich wieder den Wind auf der Haut spüren konnte, trottete ich etwas ängstlich auf die Frau zu und ergab mich meinem Schicksal. Nun war Leyla außer sich vor Angst und sprang wild und laut blökend herum. Sie konnte es gar nicht leiden, dass irgendjemand ihrer Mama etwas antat. Nach einem harten Kampf war es schließlich vollbracht und auch ich hatte meine kuschelige Wolle verloren. Etwas wehmütig schaute ich auf die ganze Wolle, die nun am Boden lag. Leyla blökte immer noch wie wild, aber als ich auf sie zuging, schaute sie mich nur sehr verwirrt an. Sie erkannte mich gar nicht mehr, ich sah ja nun ganz anders aus. Ich ging auf sie zu und ließ sie erstmal vorsichtig an mir schnuppern. Noch etwas misstrauisch, aber hungrig durfte sie sich zur Beruhigung erstmal eine Portion Milch abholen. So, das wäre also geschafft – wir wurden das erste Mal geschoren. Wir guckten uns immer wieder etwas verlegen aus den Augenwinkeln an und versuchten uns für den Rest des Tages aus dem Weg zu gehen. Denn jedes Mal, wenn wir uns ansahen, musste einer anfangen zu lachen. Wir sahen einfach seltsam aus und erkannten uns gegenseitig kaum. Ein paar Tage später, nachdem ich die letzten Fusseln aus der nicht mehr vorhandenen Wolle geschüttelt hatte, war es ein sehr angenehmes Gefühl. Gerade jetzt, wo es Tag für Tag immer heißer wurde, waren wir doch sehr froh, etwas weniger Wolle auf den Rippen zu haben. So verging der Sommer. Es war sehr sonnig und warm und Leyla wuchs sehr schnell. Am Ende des Sommers konnte man sie fast nicht mehr von uns drei unterscheiden. Sie hatte nur viel schönere Wolle als die anderen, da sie ja noch nicht geschoren wurde. Sie stänkerte auch öfters herum, ich glaube, ihr fehlten die Spielkameraden in ihrem Alter. Aber Muffin war immer noch gern als Spielgefährtin zur Stelle, auch wenn es zwischen den beiden manchmal zu einer leichten Rauferei kam.

Am schönsten waren die gemeinsamen Abende auf unserer Wiese. Wenn wir genug gegessen hatten oder die Frau mit der grünen Jacke uns nochmal Heu gebracht hatte. Dann legten wir uns alle in den Stall und erzählten uns Geschichten. Am besten konnte Pepsi Geschichten erzählen. Aber auch die Frau mit der grünen Jacke hat uns schon ein paar Mal etwas erzählt. Einmal erzählte sie uns, warum Schafe ihre Lieblingstiere sind und wie es dazu kam.

Als sie selbst noch ein ganz kleines Baby war, bekam sie wohl ein Lamm als Kuscheltier geschenkt. Das Lamm wurde Tom genannt und vom ersten Moment an waren Tom und das Baby die besten Freunde. Das Baby wurde grösser und nahm Tom überall mit hin. Er begleitete sie den ganzen Tag und ohne Tom schlief sie nie ein. Viele Jahre vergingen und die beiden waren immer noch unzertrennlich. Sie zogen gemeinsam von Deutschland in die Schweiz und wieder zurück nach Deutschland. In all der Zeit hatte die Frau Tom immer wieder versprochen, irgendwann einmal echte Schafe zu haben. Manchmal arbeitete die Frau in ihrer Freizeit bei einem Schäfer, aber das war natürlich nicht das gleiche, als wenn man eigene Schafe hat. Nun begab es sich, dass hinter ihrem neuen Haus eine große Wiese lag. Sie kam auf die Idee, ob man diese Wiese wohl als Schafsweide verwenden könnte. Man müsste sie nur pachten, etwas einzäunen, einen Stall errichten und etwas Heu besorgen. Nach und nach setzten sie ihre Idee um und eines Tages war alles fertig. Nun konnten die Schafe kommen. Nicht weit von ihr wohnte unsere alte Schäferin, die ihr zugesagt hatte, dass sie sich ein paar Schafe aussuchen konnte. Den Rest der Geschichte kennt ihr ja. Weil also ein Baby vor 40 Jahren ein Lamm geschenkt bekommen hat, sind Muffin, Pepsi und ich auf unserer Weide im Pöstenweg gelandet. Jetzt wissen wir also, warum wir hier sind.

Genauso interessant wie unsere eigene Geschichte, ist aber auch die Geschichte aller Schafe auf der Welt und deren Einfluss auf die Menschheit. Hier wachsen wir nämlich weit über uns hinaus. Beispielsweise sind Schafe maßgeblich dafür verantwortlich, dass es die Vereinigten Staaten von Amerika gibt. Zuerst waren die USA nämlich gar kein richtiges Land, sie waren höchstens eine englische Kolonie. England war zu diesem Zeitpunkt ein sehr gieriges Land und befahl seinen Kolonien, dass sie nur fertige Wollprodukte aus England kaufen durften. Wenn man also einen Pullover aus Schafwolle haben wollte, dann musste man den in England kaufen und durfte ihn nicht selber herstellen. Das war für die Menschen in Amerika sehr teuer. Sie wollten lieber selber Schafe halten und aus ihrer eigenen Wolle Pullover herstellen, das war viel günstiger. Also schmuggelten sie Schafe von England nach Amerika und bauten heimlich eine eigene Wollproduktion auf. Auf dem Höhepunkt des Streites zwischen England und seinen Kolonien brach vor 250 Jahren sogar ein Bürgerkrieg aus. Die USA gewannen den Krieg und erklärten ihre Unabhängigkeit von England. Jetzt durften sie endlich offiziell ihre eigene Wolle herstellen. Und weil die Amerikaner sehr stolz darauf waren, wurden demonstrativ Schafe auf dem Rasen vor dem weißen Haus gehalten und der amerikanische Präsident trug von nun an nur noch Anzüge aus amerikanischer Schafwolle.

Natürlich gab es auf dem amerikanischen Kontinent auch schon davor ein paar Schafe, aber die lebten vorwiegend auf Kuba und in Südamerika. Die hatte ursprünglich Kolumbus mitgebracht als er 1493 seine zweite Reise in die neue Welt machte. Also waren Schafe auch bei der Entdeckung Amerikas dabei. Königin Isabella von Spanien finanzierte mehrere Forschungsreisen nach Amerika mit Geld, dass sie aus dem Wollhandel erworben hatte. Ohne Schafe wäre Amerika also nie entdeckt worden und die USA nicht entstanden.

Grundsätzlich hätte sich die ganze Menschheit nie entwickeln können ohne unsere wärmende Wolle. Wir sind also verantwortlich für die

Ausbreitung der menschlichen Zivilisation. Daher waren wir auch offiziell die ersten Haustiere der Menschen, aber das ist schon sehr lange her, so ca. 10.000 Jahre. Damals haben die Menschen erstmals gelernt, unsere Wolle zu Fäden zu spinnen und sich damit wärmende Kleidung zu nähen. Tja, es ist schon blöd, wenn man kein eigenes Fell hat und sich immer mit fremder Wolle schmücken muss.

Da wir schon mal dabei sind, die Schafzivilisation zu beschreiben, hier noch ein paar Zahlen. Weltweit gibt es heute ungefähr eine Milliarde Schafe, wovon circa 40 Prozent in Asien leben. Dort kommen wir auch ursprünglich her. Weitere 20 Prozent finden sich in Afrika, 15 Prozent in Neuseeland und Australien und die restlichen 25 Prozent verteilen sich auf Europa und Amerika. In Australien leben zum Beispiel rund 125 Millionen Schafe, in Europa ist England mit ca. 35 Millionen Tieren das Land mit den meisten Schafen. In Deutschland gibt es nur noch zwei Millionen Schafe. Damit landet Deutschland erst auf Platz 100 bei den Ländern mit den meisten Schafen pro Einwohner.

In Deutschland selber wohnen die meisten Schafe in der Nähe von Berlin und Wolfsburg, da ein großer Autokonzern dort früher große Ländereien hatte, auf denen immer Schafe standen. Aber auch an der Ostsee und Nordseeküste gibt es Schafe, die arbeiten dort auf den Deichen und trampeln mit ihren Hufen die Erde fest, damit die Deiche dem Wasser standhalten. Wir schützen die Menschen also auch vor Überschwemmungen. Seit kurzen arbeiten einige Schafe offiziell für die Deutsche Bahn. Wir können nämlich das Gras an steilen Hängen und Böschungen kurzhalten. Außerdem arbeiten wir 24 Stunden am Tag inklusive Wochenenden und Feiertage. Wir arbeiten weltweit und können uns an jedes Klima anpassen. Unsere Wolle wärmt uns, wenn es kalt ist und kühlt uns, wenn es heiß ist. Wir sind weltweit für die Menschen im Einsatz und haben die Evolution dieses Planeten maßgeblich beeinflusst. Dennoch sind wir dabei immer bescheiden geblieben. Wir haben keine großen Städte gebaut, die Umwelt nicht verschmutzt und keine Kriege begonnen. Wir stehen einfach jeden Tag auf unseren Weiden und das ist gut so.

In den letzten Tagen wurde es deutlich kühler, manchmal war morgens sogar unsere Wiese gefroren. Besonders witzig sieht es aus, wenn einem die Wolle gefriert. Dann hat man ganz oben eine zarte weiße Schicht auf der Wolle, die etwas hart ist und wunderschön glitzert. Wenn die Sonne aufgeht, schmilzt diese kleine Eisschicht dann wieder weg. Noch bevor ich heute Morgen mit der Bewunderung meiner glitzernden Wolle fertig war, hörte ich plötzlich Leyla blöken. Ohne es zu merken, hatte sie sich immer weiter von der Herde entfernt und stand plötzlich beim Nachbarn im Garten. Ihr erster Ausflug ohne mich! Naja, sie wird wohl immer erwachsener. Aber wie das so mit Teenagern ist, sie wollen immer wie erwachsene Schafe behandelt werden, aber gleichzeitig wollen sie doch nochmal kuscheln und bekommen plötzlich Panik, wenn sie von ihrer Herde getrennt sind. Leyla war wohl über eine niedrige Stelle im Zaun gesprungen. Auf der anderen Seite des Zauns war es aber wesentlich tiefer, so dass sie jetzt nicht mehr zurückkam. Mit vereinten Kräften schafften wir es trotzdem sie wieder über den Zaun zu heben.

Nach ihrem ersten Ausflug allein, war Leyla total aufgedreht. Sie hatte zum ersten Mal den Duft der Freiheit gespürt, aber auch die Angst und Hilflosigkeit, wenn man von seiner Herde getrennt ist. Den restlichen Tag verbrachten wir damit, uns neue Abenteuer auszudenken. Ich schlug vor, dass wir einfach hierbleiben und uns von der Frau mit der grünen Jacke füttern lassen. „Laaangweilig", meinte Leyla, sie wollte lieber ein echtes Abenteuer wagen und nach Amerika fahren. Dann wollte sie dort vorm weißen Haus grasen. Ich hatte leichte Bedenken, dass man sie dort auf den Rasen lassen würde. Erstens würde es nicht ganz ungefährlich werden, dorthin zu gelangen. „Zweitens gibt es gar keine Flugtickets für Schafe und vor lauter Flugangst kinkelst Du bestimmt das ganze Flugzeug voll. Drittens kann ich Dich dann nie besuchen kommen". „OK, dann will ich aber wenigstens nach Berlin", meinte Leyla. Dann grase ich eben beim deutschen Präsidenten oder vorm Bundestag.

28

Aber Berlin ist so eine große Stadt. Ich hatte augenblicklich schon wieder Angst um Leyla, schließlich gab es in Berlin die meisten Dönerbuden in ganz Deutschland. „Was ist ein Döner, Mama?" Hatte ich das laut gedacht? Oje, auf diese Frage war ich nicht vorbereitet. Wie sollte ich meiner kleinen süßen Leyla denn nur die Wahrheit erzählen? Ich hatte ihr immer nur erzählt, dass Schafe wegen ihrer Wolle von den Menschen gehalten werden. Ehe ich mir noch eine Ausrede einfallen lassen konnte, antwortete Muffin auch schon ziemlich direkt. „Na, in Berlin werden Schafe jejessen und Döner is'n anderes Wort für Schaffleisch." Leyla starrte Muffin mit großen Augen und offenem Mund an. Sie hatte zwar das hellste Fell von uns allen, aber plötzlich wurde es noch etwas blasser und ihre Wolle stand in alle Richtungen ab. „Danke", sagte ich ironisch zu Muffin und sah sie strafend an, „so direkt hätte man es ja nicht sagen müssen." „Aber stimmt doch", sagte Muffin mit vollem Mund und kaute weiter. „Einen Muffin kann man übrigens auch essen", blökte Pepsi nun und grinste übers ganze Gesicht. „Und Pepsi ist ein Getränk", blökte Muffin zurück. „Ja, sei mal froh, dass sie dich Leyla und nicht Lammacun genannt haben." Jetzt lachten und kauten Muffin und Pepsi gleichzeitig. „Was ist ein Lammacun, Mama?" „Äh, naja sowas ähnliches wie ein Döner", glaube ich. Leyla stand immer noch wie angewurzelt da und schluckte jetzt erstmal ihr Heu runter. Dann schaute sie mir ganz tief in die Augen und sagte: „Ich glaube, ich bleibe doch besser hier bei Dir", und kuschelte sich ganz eng an mich heran. Mir wurde ganz warm ums Herz. Eigentlich war ich sauer auf Muffin und Pepsi, aber andererseits würde Leyla jetzt doch hier bei mir bleiben. Dafür konnte ich Muffin und Pepsi dankbar sein. Aber nun wusste Leyla auch Bescheid über die Menschen und warum sie Schafe hielten. Immer noch ganz eng an mich gekuschelt, fragte sie mich ganz leise: „Isst die Frau mit der grünen Jacke auch Schaffleisch?" „Nein, flüsterte ich ihr zurück, dafür hat sie uns viel zu lieb." Da war ich mir ganz sicher. Das kann man Menschen nämlich ansehen, wenn man Ihnen direkt in die Augen blickt. Die Frau mit der leuchtend grünen Jacke blickte mich mindestens genauso verliebt an, wie ich meine Leyla. Hier waren wir also sicher, auch wenn wir wohl immer auf der gleichen Wiese stehen bleiben würden. Immerhin ging es uns hier hundertmal besser als den meisten Schafen auf dieser Welt.

Etwas traurig schaute ich Leyla an, sie war mit einem Mal nicht mehr so unbeschwert. Irgendwie war ihre Kindheit als Lamm fast vorbei, aber es tat gut zu wissen, dass sie bei mir hier und immer in Sicherheit war. Draußen wurde es nun immer stürmischer, aber unsere Wolle war mittlerweile wieder so dick und warm, dass der eiskalte Wind uns nichts anhaben konnte. Da konnte es noch so ungemütlich sein, in unseren Wollmänteln waren wir immer gut geschützt.

Am nächsten Tag waren alle Menschen irgendwie traurig, sogar der ganz kleine Mensch. Ich hatte das Gefühl, dass die Frau mit der grünen Jacke ganz besonders traurig war. Sie kam mit einem Spaten auf unsere Weide und fing an unter einem Strauch ein kleines Loch auszuheben. Dann kam der kleine Mensch mit einem Karton und lief damit über die Wiese bis zu der Stelle mit dem Loch in der Erde. Sie guckte wirklich sehr traurig, wir fingen fast selber an zu weinen. Aus sicherer Entfernung blieben wir stehen und schauten zu, was nun geschah. Sie öffnete den Karton und legte ein kleines Fellbündel vorsichtig in das gegrabene Loch. Dann wurde es noch vorsichtiger wieder zugeschüttet. Dann stand sie einfach da und ließ den Kopf hängen. Als sie danach mit dem Karton wieder über die Wiese auf uns zukam, wollten wir sie doch etwas trösten. Ich schnupperte kurz an dem Karton, den sie immer noch in ihren Händen hielt und nun wussten auch wir, was passiert war. Ihr Kaninchen war gestorben und sie hatte es begraben. Auch ein sanfter Blick in ihre Augen und ein mitfühlendes „Määh" konnten da wohl nicht viel helfen. Manchmal hätte ich gern zwei Arme, mit denen ich jemanden ganz fest umarmen kann. Auch Muffin kam heran, schnüffelte an dem Karton und kuschelte sich verständnisvoll an den kleinen traurigen Menschen. Nur Pepsi konnte mit der Situation nichts anfangen, ihr war das Thema irgendwie unangenehm und sie wusste nicht so recht, was sie tun sollte.

Nachdem sie wieder ins Haus gegangen waren, schauten wir in den Himmel. Es lag der Geruch von Schnee in der Luft. Leyla wusste zwar nicht was das war, aber sie merkte, dass da etwas Neues auf sie zukam. Es dauerte noch bis zum nächsten Tag, aber dann fielen tatsächlich die ersten weißen Flocken vom Himmel. Leyla war total fasziniert. Das sieht aus, als ob tausend kleine Schafe vom Himmel fallen, oder zumindest ihre Wolle verlieren. Sie stand einfach da und schaute zu, wie die Schneeflocken einzeln den Weg nach unten fanden und schließlich auf einem Grashalm liegenblieben. Sie blieben aber nur kurz liegen, dann verschwanden sie meist wieder und lösten sich einfach auf. Auch auf Leylas Gesicht und auf ihrer Nase blieben ein paar Flocken liegen. Sie war immer noch fasziniert und schaute sich die Flocken ganz genau an. Eine Schneeflocke landete sogar auf ihrer Zunge. Das kribbelte und war kalt. Da es zunehmend stürmischer wurde und die Schneeflocken nun wie wild in alle Richtungen flogen, beschlossen wir in unseren Stall zu gehen und von dort aus dem Schneetreiben weiter zuzuschauen. Nach ein paar Stunden blieb sogar eine leichte Schneedecke auf der Wiese liegen. Das sah sehr schön und sauber aus. Jetzt sah die ganze Wiese aus wie ein einziges großes Schaf, hell, weich und kuschelig. Leyla war inzwischen vor lauter Aufregung und Faszination über den Schnee eingeschlafen und kuschelte sich eng an mich ran.

Als wir am nächsten Morgen aufwachten, war der Schnee leider schon wieder weg. „Aber es kommt bestimmt schon bald neuer Schnee", versprach ich Leyla, die etwas enttäuscht guckte. Es gibt sogar Länder, da liegt fast das ganze Jahr über Schnee. Da werden sogar Ställe aus Schnee gebaut und riesige Schneeschafe. Manche Schafe werden sogar vor einen Schlitten gespannt und dürfen diesen dann auf Kufen über den Schnee ziehen. Und ganz weit im Norden dieses Landes, da wohnt das Weihnachtsschaf. Jetzt war Leyla hellwach und ihre Augen glitzerten wie kleine Schneeflocken. „Was ist ein Weihnachtsschaf, Mama?" „Das Weihnachtsschaf ist ein sehr altes Schaf mit ganz dicker weißer Wolle.

Und jedes Jahr am 24. Dezember ist Weihnachten, da feiern alle Schafe den Winter und bedanken sich für das Gras und Heu, dass sie übers Jahr bekommen haben. Außerdem werden alle neuen Lämmer gefeiert und bekommen Geschenke!" Jetzt leuchteten Leylas Augen noch mehr. "Echt jetzt?", määhte sie. "Außerdem gibt es besonders leckeres Essen an Weihnachten", ergänzte Muffin. "Da gibt es dann Kraftfutter, trockenes Brot, Hafer und Weihnachtsheu. Außerdem schmücken wir den Stall mit besonders viel Stroh." "Und was bekomme ich geschenkt?", wollte Leyla wissen. "Das weiß ich nicht, dazu musst Du einen Wunschzettel schreiben und ihn an das Weihnachtsschaf schicken." "Aber ich kann doch nicht schreiben!" Leichtes Entsetzen zeigte sich in Leylas Lammgesicht. "Das kriegen wir schon hin", meinte Muffin, "ich helfe Dir dabei." "OK, wann denn?" "Wenn ich aufgegessen habe", meinte Muffin mit vollem Mund.

Vor lauter Aufregung hatte Leyla ganz das Frühstück vergessen. Beim Kauen dachte sie jetzt angestrengt darüber nach, was sie sich vom Weihnachtsschaf wünschen sollte. Eine eigene Raufe oder einen Regenschirm? Sie stand nämlich beim Essen immer draußen. Muffin stand immer ganz links an der Raufe, Pepsi rechts daneben, dann kam Emma und ganz außen rechts stand Leyla. Die Tischordnung stand fest und wurde auch nicht geändert. Und wenn man etwas nicht ändern kann, dann muss man es akzeptieren und sich nicht weiter darüber aufregen. Eine Lösung wäre also ein Regenschirm oder ein Vordach für den Stall, damit Leyla beim Essen nicht immer nass wurde. Aber irgendwie ist das kein richtiger Wunsch für ein Lamm. Eigentlich wünschte sie sich etwas zum Spielen oder einen Spielkameraden. Ein Snowboard wäre auch nicht schlecht oder eine Hängematte. Die Frau mit der leuchtend grünen Jacke hatte nämlich eine Hängematte im Garten und wenn schönes Wetter war, dann legte sie sich da rein. Dann stand Leyla immer am Zaun und wünschte sich, sie hätte auch so eine Hängematte. Sie könnte sich die Hängematte auch aus ihrer ersten eigenen Wolle stricken. Dann hängen wir sie zwischen Baum und Stall auf, dachte sie bei sich. Aber dann macht es keinen Sinn, sich eine Hängematte vom Weihnachtsschaf zu wünschen. Sie überlegte weiter und beschloss sich ein Snowboard oder zwei Paar Schlittschuhe zu wünschen. In Lemgo gibt es nämlich seit ein paar

Tagen eine Eisbahn, davon hatten ihr die kleinen Menschen erzählt. Sie würden Leyla bestimmt mitnehmen zur Eisbahn und dann könnten sie zusammen dort Schlittschuhlaufen. Das müsste man dann zwar erstmal lernen, aber mit vier Beinen kann man fast nicht hinfallen. Und wenn man als Schaf doch mal hinfällt, tut das nämlich gar nicht weh. Die dicke Wolle funktioniert wie ein Airbag, man landet immer weich. Leyla beschloss, sich vom Weihnachtsschaf ein oder besser zwei Paar Schlittschuhe zu wünschen.

Nach dem Frühstück konnte sie es kaum abwarten, bis Muffin für sie Zeit hatte. „Können wir jetzt meinen Wunschzettel schreiben?" „Von mir aus", brummte Muffin, die immer noch kaute. Zuerst schälte sie etwas Rinde von einer Birke ab. Die ist schön hell, darauf kann man dann wunderbar schreiben. Dann zauberte Muffin aus ihrem dicken Fell einen Stift hervor, den sie sich zwischen die Klaue am vorderen rechten Bein klemmte. Mit der anderen Klaue hielt sie die dünne Rinde von der Birke fest. Dann begann sie Leyla zu erzählen: „Zuerst hältst Du so das Papier fest, auf dem Du schreiben willst. Dann machst Du erstmal ein paar einfache Striche und Kreise auf das Papier, so in etwa!" Muffin begann irgendwelche Zeichen auf das Papier zu malen. Leyla sah fasziniert zu. „OK, das kann ich", määhte sie und versuchte es jetzt selbst. Manchmal rutschte ihr der Stift aus der Klaue, aber sonst klappte es schon ganz gut beim ersten Anlauf. Muffin war sichtlich zufrieden und ich als Mama war ganz schön stolz. Meine kleine Leyla ging nun zur Schule und hatte sogar richtig Spaß am Unterricht. Den ganzen Vormittag übte sie und langsam wurden die Striche sauberer und die Kreise runder. Am Nachmittag zeigte Muffin ihr dann die ersten Buchstaben und wie sie ihren Namen schreiben konnte. Leyla war immer noch voll begeistert von der Idee zu schreiben und schlief völlig erschöpft am Abend neben mir ein. Sie träumte sogar vom Schreiben, denn im Schlaf zuckte immer wieder ihr rechtes Vorderbein und malte gerade oder runde Striche in die Luft.

Am nächsten Morgen weckte sie Muffin. Noch vor dem Frühstück wollte sie gleich weiterlernen. Aber Muffin wollte erstmal in Ruhe frühstücken. Währenddessen guckte Leyla sie erwartungsvoll an. „Das ist kein ruhiges frühstücken, wenn Du mich die ganze Zeit anstarrst", murmelte Muffin mit vollem Mund. Insgeheim war sie aber stolz auf ihre neue Schülerin und freute sich schon auf die nächste Unterrichtsstunde. Nach dem Frühstück ging es dann endlich los. Muffin kramte wieder den Stift aus der Wolle und sie knabberten erstmal neues Papier von der Birke ab. Heute wollte Leyla ihren Wunschzettel schreiben und nach ein paar Stunden war er tatsächlich fertig. Als Dekoration klebte sie noch ein paar Blätter und Wollbällchen auf den Wunschzettel. Jetzt sah es aus, als ob es auf dem Zettel schneite, so wie vor ein paar Tagen.

Voller Stolz zeigte sie mir den Wunschzettel und fragte mich, wie er denn jetzt zum Weihnachtsschaf kommt? „Na, mit der Post", antwortete ich. „Was ist die Post, Mama?" Also, damit sich alle Schafe auf der Welt unterhalten können und sich Nachrichten schreiben können, entstand die Schafspost vor ca. 100 Jahren. Dazu wurden die schnellsten Schafe auf der ganzen Welt zusammengesucht. Zwischen den verschiedenen Weiden und Ställe, die es auf der Welt gibt, tragen diese Schafe dann Nachrichten hin und her. So können wir uns zum Beispiel mit den Schafen aus unserem alten Stall unterhalten. Da wohnen nämlich auch Deine Oma und Deine anderen Tanten. Und manchmal zu Weihnachten oder zum Geburtstag schicken wir uns dann Karten oder Briefe. Aber man kann mit der Schafspost natürlich auch Wunschzettel zum Weihnachtsschaf schicken. Das habe ich letztes Jahr auch gemacht. „Echt? Und was hast Du Dir gewünscht? Und hast Du es bekommen?", wollte Leyla jetzt augenblicklich wissen. „Ja, habe ich", antwortete ich und grinste sie an. „Was hast Du Dir denn gewünscht?" „Naja, ich habe mir jemanden gewünscht, den ich ganz fest liebhaben kann, damit ich nicht immer so allein bin, und jemanden mit dem ich kuscheln kann, wenn es kalt wird." „Und wo ist derjenige jetzt?" „Na, Du stehst doch vor mir, mein süßes kleines Lamm. Mit Dir kann ich kuscheln, wenn es kalt wird und ich habe Dich vom ersten Moment an so unendlich liebgehabt. Ich habe dich lieber als alle Schafe auf der Welt und auf dem Mond." Leyla sah mich vertraut und verliebt an und schob ihren kleinen Kopf ganz nah unter meinen Hals.

Das Weihnachtsschaf gab es also wirklich, denn es erfüllte sogar die schwierigsten Wünsche. Dann konnte es sicherlich auch ein paar Schlittschuhe besorgen. Am nächsten Abend, wollten wir aufpassen, wenn das Postschaf an unserer Weide vorbeikam. Dann musste man ganz schnell und laut losblöken, damit es stehenblieb. Sonst war es wieder weg ohne die Post mitzunehmen. Als es dunkel wurde, standen wir also alle am Zaun und warteten auf das Postschaf. Die Postschafe laufen generell erst

los, wenn es dunkel wird, damit die Menschen sie nicht sehen. Aus einiger Entfernung hörten wir dann ein schnelles Hufgetrappel und fingen schon mal an zu blöken. Plötzlich stand am Zaun ein großes, weißes Schaf und nickte uns zu. Leyla nahm ihren Wunschzettel und schob ihn vorsichtig in die kleine gelbe Posttasche, die das Schaf sich auf den Rücken gebunden hatte. Die Posttasche sah aus wie eine winzige Satteltasche und hatte zwei Fächer. Das Fach, das auf der rechten Seite des Rückens hing, war für ausgehende Post und zum Einsammeln von Briefen. Das Fach auf der linken Seite war zum Ausliefern mit Briefen gefüllt. Sorgfältig verschlossen wir die Posttasche wieder, damit der Wunschzettel auch nicht unterwegs verloren ging. Als Porto mussten wir dem Postschaf eine Portion von unserem Heu abgeben und dann rannte es auch schon wieder weiter. Leyla war total fasziniert von der Schafspost und fragte mich, wie man Postschaf werden konnte. Erstmal musst Du noch etwas erwachsen werden und dann werden wie sehen, wie schnell Du bist. Alle vier Jahre gibt es die schalympischen Spiele in Berlin. Da treten die schnellsten Schafe aus jedem Stall gegeneinander an und die einhundert schnellsten Schafe werden dann Postschafe. Cool, meinte Leyla und rannte ganz schnell zurück zum Stall. Sie konnte ja schon mal anfangen mit Üben, vielleicht würde es irgendwann reichen, um an den schalympischen Spielen teilzunehmen.

Diese Woche war wirklich viel passiert. Es hat das erste Mal geschneit, Leyla hat schreiben gelernt, das Postschaf war vorbeigekommen und Leylas Wunschzettel war auf dem Weg zum Weihnachtsschaf. Aber das war wohl noch nicht alles. Am nächsten Morgen wurden wir unsanft durch ein brummendes Geräusch geweckt. Rechts neben dem Stall der Menschen stand ein rotes großes Gerät mit einer Schaufel vorn dran und buddelte sich in den schönen Rasen neben dem Stall. Mein erster Gedanke war gleich, hoffentlich kommt das Ding nie auf unsere Weide und buddelt hier rum. Das braucht bestimmt Wochen bis dann wieder Gras wächst! Leyla war natürlich wieder total begeistert – jeden Tag ein neues Abenteuer. Gestern wollte sie noch Postbote werden, heute wollte sie sofort Baggerfahrer sein. Dann könnte sie sich endlich ein paar Hügel auf unserer langweiligen Weide aufschütten. Das wäre wieder von Vorteil im Winter, wenn man Snowboarden möchte oder auch im Sommer. Da könnte man auf den Hügel heraufklettern, die Aussicht genießen und wieder herunterkullern. Das würde riesigen Spaß machen. Man könnte theoretisch auch den Zaun zuschütten und dann darüber laufen oder einen ganz langen Hügel aufschütten und Deichschaf werden. Oder man gräbt ein tiefes Loch und wartet bis es genug geregnet hat, dann hätte man einen Pool. „Oh Mama, kann ich bitte Baggerfahrer werden?" Määh, ich hatte etwas Angst um unsere Weide. Naja, jetzt war es Winter und der Boden war fast gefroren. Da müssen wir das Baggerfahren sowieso in den Frühling verschieben und bis dahin hat Leyla bestimmt einen neuen Berufswunsch.

Zum Beispiel Eishockeyspieler oder Eiskunstläuferin, denn ein paar Wochen später brachte das Weihnachtsschaf ihr doch tatsächlich vier wunderschöne, kleine Schafschlittschuhe. Und weil es kurz vor Weihnachten stark geregnet hatte und danach alles gefroren war, gab es jetzt auf unserer Wiese tatsächlich eine kleine Eisfläche, auf der sie sofort anfing zu üben. Anfangs klappte es aber so gar nicht mit dem Eislaufen, denn vier Beine gleichzeitig zu kontrollieren, war eine ziemliche Herausforderung für uns Schafe. Irgendwie klappte es einfach nicht mit dem Loslaufen auf dem Eis, stattdessen machte Leyla jedes Mal, wenn sie Anlauf nehmen wollte, einen unfreiwilligen Spagat mit allen vier Beinen. Muffin und Pepsi standen am Rand der Eisfläche und lachten sich fast kaputt. Aber natürlich hatte Muffin auch schon wieder eine Idee. Um Leyla ein besseres Gefühl für das Eislaufen zu geben, sollte sie erstmal lernen auf dem Eis zu stehen. Wenn sie einen festen Stand hatte, schubste Muffin sie leicht über das Eis, so dass sie auf der anderen Seite der Eisfläche bei Pepsi ankam. Pepsi schubste sie dann wieder zurück zu Muffin. Das machte allen drei einen ziemlichen Spaß. Nach und nach baute Muffin ein paar Schwierigkeitsgrade ein. Einmal schubste sie Leyla rückwärts übers Eis, ein anderes Mal gab sie ihr eine kleine Drehung mit, so dass sie sich einmal um sich selbst drehte, bevor sie bei Pepsi wieder ankam. Jetzt hatte Leyla eine Idee. Bei jeder neuen Überfahrt übers Eis hob sie vorsichtig ein Bein hoch. Wenn man vier Beine hat, kann man sehr stabil auf drei Beinen stehen. Das sah doch schon fast aus wie eine Eisprinzessin. Nur mit dem eigenen Anlauf wollte es noch nicht klappen. Da hatte Muffin wieder eine Idee. „Wie wär's, wenn Du mit drei Beinen stehen bleibst und nur ein Bein zum Anschieben verwendest?" Das klappte schon ein wenig besser, aber irgendwie fuhr Leyla so immer im Kreis oder eine Kurve. Egal, Eislaufen machte ihr jedenfalls einen riesen Spaß.

Ein paar Tage nach Weihnachten hatten wir dann nicht so viel Spaß. Als es dunkel wurde, erschreckten wir uns ein paar Mal, da es immer irgendwo in der Nähe laut knallte. Und da Schafe von Natur aus Fluchttiere sind, bedeutet jeder Knall, dass man innerlich ziemlich angespannt ist und einen möglichen Fluchtweg oder zumindest einen sicheren Ort sucht. Dagegen kann man auch gar nichts tun, das ist wohl bei uns Schafen so angeboren. Auf jeden Fall wurden die Knallgeräusche nicht wenige, sondern immer mehr. Und als es so richtig dunkel war, da fing es plötzlich überall an zu knallen und zu zischen. Und als ob das nicht schon schlimm genug war, um alle Schafe in eine ordentliche Panik zu versetzen, da blitzte jetzt auch noch der Himmel in allen Farben. Ich muss zugeben, dass die Blitze recht schön aussahen, aber die Panik war einfach größer und so rannten wir alle völlig planlos um den Stall oder immer wieder in eine andere Ecke der Wiese. Aber bei jedem neuen Knall drehte Muffin wieder völlig durch. Davon ließ sich dann Pepsi wieder anstecken und Leyla starrte mich nur noch mit weit aufgerissenen Augen an. Als Mama darf man natürlich keine Angst zeigen, daher versuchte ich ruhig stehen zu bleiben bei Leyla, obwohl mir bei jedem Knall wieder die gesamte Wolle zitterte. Irgendwann war dieser schreckliche Lärm vorbei und wir schliefen sehr unruhig und eng aneinander gekuschelt alle ein. Im Traum fing Leyla immer wieder an zu rennen, denn ihre Beine zappelten ganz unruhig im Schlaf. Am nächsten Morgen war aber alles wie immer, die Wiese sah ganz normal aus und leckeres Heu gab es auch. Die Frau mit der grünen Jacke murmelte irgendetwas von Silvester, aber ich habe keine Ahnung was sie damit meinte.

Laut unserem Wollkalender waren wir jetzt schon fast ein ganzes Jahr hier auf der Wiese. Ein Wollkalender funktioniert übrigens ganz einfach. Ab dem Tag, an dem man geschoren wird, da wächst die Wolle bekanntlich wieder. Jeden Monat wächst unsere Wolle genau zwei Zentimeter. Wenn wir Anfang Juni geschoren wurden und unsere Wolle jetzt 15 Zentimeter lang ist, dann sind wir also 7 ½ Monate nach der

Schur im Januar angekommen. Im Frühling, also im März geht es dann los mit den ganzen Geburtstagen, zuerst hat Pepsi Geburtstag am 11. März, dann habe ich am 1. April und das ist kein Scherz! Muffin feiert am 29. April und dann kommt Leyla am 16. Mai. Leyla bekommt ein paar Seile, an denen sie ihre Hängematte befestigen kann. Den Rest der Hängematte wollte sie sich ja aus ihrer eigenen Wolle stricken, wenn sie das erste Mal geschoren wurde. Für Muffin und Pepsi muss ich mir noch ein Geschenk überlegen, aber das hat ja noch etwas Zeit.